Ingrid Rathje-Kohn

Lyrisch platt

Sobunt as dat Leben

ISBN Softcover ISBN: 9783759749246

Druck und Distribution im Auftrag :

Herstellung und Verlag :

BoD – Books on Demand,

Norderstedt

FSC

MIX
Papier aus verantwortungsvollen Quellen
Paper from responsible sources
FSC® C105338

www.fsc.org

PLATT-SCHNACKERS

LEES MAAL WAT

Willst du di wat Goodet doon,

sett di daal, lees een Gedicht.

Platt is hier bi uns to Huus,

anners schnackt de Buur jaa nich.

Ik denk mi, dat kriggst du hen,

laat di Tied so aff und to,

und versteihst du wat maal nich

verkloor ik die´t in goode Rooh.

18.9.2023

PLATT-SCHNACKERS

Door an de Schlie, door güng dat los,

so lang, so lang is dat wohl her.

Mang Wohld und Waater leeg dat Döörp

weer doomaals ganz schöön ut de Kehr.

Platt wöör door schnackt mit em und eer,

und Hochdüütsch keem eerst in de School,

so mennigg een lütt Jung und Deern

datt föhlten as een hitten Stohl.

"Sprich Hochdeutsch!"

wöör door jümmers seggt,

und mit de Tied und mit de Jahrn

hett man´t biet Lesen denn ook leehrt,

is langsam denn meist Hochdüütsch waarn.

Musst langsam sööken anner Lüüd,

de ook noch schnacken köönt opp Platt,

und dröppst du een, denn freist du di,

und schnackst di eenmaal richtig satt.

21.2.2023

MOIN; WO GEIHT?

Platt heff ik maal wedder schnackt,

Broder meldt sik hüüt maal an,

af und to vertellt wi uns,

wat man sikk vertellen kann.

Nah, wo geiht, watt maakt de Kinner,

bist du hüüt ook goot toweegg,

fraagg em nich nah siene Krankheit,

giff beet Sünnschien opp den Wegg.

-

Weet doch, ik kann em nich höölpen,

doch he weet: "Ik denk an di",

maak nich schwoorer em dat Leben,

doch egaal is´t nich för mi.

Will he vun de Seel wat schnacken,

denn gah ik mit em den Kurs,

schwoor is för em nu dat Leben,

oold und krank, dat is keen Spaaß.

29.6.2023

OOK MAAL HOCHDÜÜTSCH

So´n Platt kann nich jeder,

man Hochdüütsch könnt all,

mutt door nix verklaarn,

weeten gliecks, wat dat schall,

drüm schrief ik dat meerste

nah Luther in "Hoch",

wat anners dat ist doch

opp Döörpen in´n Kroogg.

-

Door kümmt doch jüsst immer

uns Schnackfatt in Gang,

door kennt wi eenanner

vun breet und vun lang.

Door seggt wi uns Moin

mit de Piep in de Schnut,

kaam sitten und drink wat,

kümmst frööh noch weer rut.

3.8.2023

2 BEET SPASS

NAAHSCHENKEN

Schluck föör Schluck, dat Glas warrt leerer

und de Kopp warrt jümmers schweerer,

Denken löppt vun ganz alleen,

man hesst Watte in dien Been.

Singst döörch Döörp und dröppst keen Ton,

bist ümt Eck to Huus doch schon.

Treckst graad noch dien Schooh noch ut,

und denn schnoorcht dat ut dien Schnut.

Annern Moorgen platzt dien Kopp,

Bett danzt loos in een Gallopp -

"Lieschen, hool den Rollmopps her,

ik bün graad beet ut de Kehr.

Und datt segg ik mit Bedacht,

niemaals weer so eene Nacht.

Ooh, mien Kopp, watt dreiht de Welt,

harr leeber nicht so veel bestellt: 28.9.2023

LÜTT MATTEN

Ik bün gaarkeen Haas und ik heet ook nich Matten,

ik danz hier alleen, op mien oolen Patten,

schwing mi datt Danzbeen alleen in de Stuuv,

und warr ik denn mööh, sitt ik nich in de Gruuv.

-

Bequeem in mien Sessel door puust ik mi af,

door is datt nich wiet hen, dat graad ik noch schaff,

mien Been sind so oold nu, as ik grad maal bin,

door gaah ik maal sitten, mutt de Puust wedder finn.

-

Und kümmt hier een Keerl hen und will mit mi dreihn,

denn segg ik em glieks, datt weer villicht fein,

man ik heff mien Rhythmus föör mi ganz alleen,

watt anners kümmt mi nich mehr in miene Been.

-

Denn danzen wi beiden an jeeder sien Sied,

föör Smuuster to wesseln is datt nich to wied,

uns Fööt sind eenannern nich so in de Wegg,

denn kriegt wi dat Danzen doch beeder noch tregg.

14.7.2023

DE OOLE MOND

De Nacht is still, de Mond schient hell,

lüücht mi direkt int Finster rin:

„Watt wisst du mi, du Nacht-Gesell,

denn kaam doch gliecks to mi maal rin!

Ik bün alleen, kann ook nich schlaapen,

man buuten is mi dat to koold,

ik maak di ook dat Finster op,

weer schöön, wenn wi uns

Hänn maal hoold." - - -

„Mien leewe Deern, datt geiht wohl nich,

bün doch all lang to old föör di,

ik hang jaa ook so veel to hooch,

de Heben gifft mi nich mehr fri.

Ik bün de Wächter, hool dat Licht,

datt ji ook in de deepste Nacht

den Wegg noch finnt und seeker sind,

und ik föör ju noch hool de Wacht.

-

Nu legg di daal, maak Oogen dicht,

ik bün jaa door, pass op di op.

Und blennt mien hellet Licht to dull,

treck ik paar Wulken föör min Kopp.

Een Engel schick ik di föörbi,

de in dien Droom di wat vertellt,

doorvun, wat du beleven maggs

und wat noch scheuner maakt dien Welt."

2.5.2024

GANZ DICHT

Vertell ik wat, so nebenbi,

lütt Dööntje maal, ik bin so fri,

de anner een versteiht keen Spaaß,

hett keen Gefööhl för Aggewaas.

-

Warrt fuchtigg und will dat nich höörn,

man ik will mi ook nich vertöörn.

Seggt he to mi mit groot Gewicht:

„Du bist doch ook wohl nich ganz dicht"!

-

Datt mach wohl sein, ik weet dat nich,

Ik giff vun mi denn een Bericht.

Paar Löcker heff ik hier und door,

datt höört ook so, und dat ist waahr.

-

Man düsse Löcker bruuk ik ook,

datt hett Natur so föör mi maakt,

denn baaben schüüfel ik wat rin,

dat kann sien Wegg alleen ook finn.

-

Man jümmers kümmt door noch wat mit

dat bruuk ik nich, dat höllt nich fit,

dat mutt bi Tied denn wedder rut,

mien Löcker sind sowatt vun gut.

8.4.2023

DANZ HIER ALLEEN

Heff ik eenmaal Lust to danzen,

bruuk keen Partner und keen Saal,

stell Musik mit Hoppla an,

und denn danz ik doch eenmaal.

Een alleen kann Platz sick maaken,

schuuf de Stööhl mi ünnern Disch,

und denn schwing ik miene Knaaken,

doorvun waart se wedder frisch.

-

Links-twee-dree, so geiht de Walzer,

Tango kriegg ik ook noch trech,

acht goot op, wo mi de Fööt loopt,

datt mi nix löppt in mien Wegg.

Will mien Tööns doch leeber waaren,

sünst is glieks de Danz föörbi,

man beet Schwung kann ik noch nehmen,

bi mien schööne Danzerie.

-

Dree Minuten geiht Musik-Stück,

nimm datt Näächste noch maal mit,

kümmt denn watt mit Hipp und Beat,

bringt mie´t ook nich ut den Tritt.

Mutt mi nich opp annern richten,

de Musik seggt, wie dat geiht,

so alleen in Stuuf to danzen

is mi jümmers groote Freid.

12.7.2023

SOO LECKER

Een Tort mit Nööt und Marzipan,

datt is wat för mien hohle Tään,

und mit Vanille-Sahne-Schicht,

door rutscht datt daal so week und schlicht.

Bruukst nich veel kaun, datt löppt hendaal,

een Rutschpartie bitt in de Maagg,

de Kokengaabel maal op maal

besöcht de Tung, schluck daal, schluck daal.

Een paar maal to Geburtsdachstied,

kümmt Diabetes vör de Döör,

binn se door buten richtich fast

datt se mi hüüt maackt keen Malöör.

Denn sett ik mi an´n Kaffedisch

und laat mie´t schmecken mit Favöör,

und geiht denn ook de Zucker hoch,

denn segg ik blots: "Kann nix dorföör!"

24.5.2022

BANANEN-FRÖÖHSPORT

Ik hool in Hand mi een Banan,

und denk, watt de so krumm sien kann.

Vertellt mi eener, wie dat is,

he wüsst genau, dat is wohl wiss:

Een Dööntje höört de graad Banan,

föör Lachen wöör he krumm denn gaahn.

-

Dat kümmt mi recht denn ook so an,

datt man bie´t Lachen krumm warrn kann.

Door kümmt mi sowat in den Sinn,

een niehe Sport will ik denn finn,

ik lach mi graad, ik lach mi krumm,

as Fröhsport is dat gaar nich dumm.

22.9.2023

VADDERDAGG

Is Vadderdagg, nu geiht dat los

mit Bollerwaagen vull mit Beer.

Een Klingel an den Wanderstock,

und Wander-Riemels: Dree und Veer.

An Moorgen sünd se noch fideel,

dat singen geiht noch vull in Takt,

vergnööggt se winken hen und her

und döörcheenanner warrt groot schnackt.

-

Is Vadderdagg, is Vadderdagg,

hebbt Proviant genugg doorbi,

wi hebbt jo noch keen Fro und Kind,

sünd jung noch und hebbt hüüt maal fri.

De Heeben blau, Natur so gröön,

de Mai-Dagg höllt sick richtigg ran,

de Sünn schient uns, und lacht doorto,

und noch sünd wi keen Vadder-Mann.

\-

\-

\-

De Tied, de kümmt, de Tied, de geiht,

und in de Weegg dat eerste Kind.

Nu blifft de Vadder geern to Huus,

de Leevsten em nu wichtig sünd,

Und kümmt denn ook noch nummer twee,

do süht man se to Himmelfaahrt,

mit Sack und Pack int Grööne denn

tosamen vergnööggt int Grööne faahrn.

10.5.2024

MIEN GRIEP-HAND

Mien Griephand mach ik nich mehr missen,

kaam nich in alle Ecken rin,

wenn achtert Sofa liggt een Kissen,

denn kann mien Griep-Hand dat woll finn´n.

Und achtert Köhlschapp kümmst nich ran,

wenn door maal wat doorachter flutscht,

und ünnern Schriefdisch krisst dat Trecken,

wenn du mit Mööh doorünner rutscht.

-

In jeede Ruuhm door gifft dat Ecken

und Winkel, de man so eerst süüht,

wenn di wat maal doorachter fallt,

und wi sind doch keen Schlangen-Lüüd.

Denn haal ik mi de goode Griep-Hand,

kaam in de Ecken doormit an,

und ünnert Sofa geiht dat ook,

haal mi den Würfel wedder ran.

\-

Und nu de nieche Kugelbahn,

door hüppt de lüttjen Dinger wegg,

dat geiht so fix, wenn se eerst rollt,

aahn Griep-Hand kreeggst dat nich mehr trech.

Wegg sünd de Deerten ünnert Sofa,

dien Aarms passt door nich ünner rin,

mit Taschenlamp und mit de Griep-Hand,

kann ik de Kugeln wedder finn´n.

17.1.2023

3 KINNER

"PREESTER KÜMMT"

Twintich Kinner op de Straat,

Jungs und Deerns und Lütt und Groot,

de Grötsten weern all konfirmeert,

de Lüttsten seeten op den Schoot.

Door wöör lacht und door wöör speelt,

paar Deerns noch seeten op de Bank,

speelt mit Poppen, snackt paar Wöörd,

und de Dagg weer waarm und lang.

-

Denn een Wahrschou, "Preester kümmt!"

und mit eens de Straat weer leer -

de Schwatte Mann keem Straat hendaal,

ik lööp de annern achterher. –

Stünn denn in de groote Deel,

keen eenzigg Mütz weer noch to seehn,

door stöök de Mann sien Kopp all rin,

"Hast du die Kinder nicht gesehn??"

-

"Graad weern se doch noch alle door,

ik weet nich, wo se bleeben sünd,

und ik will leeber jetzt nah Hus."

"Ja, geh du nur nach Haus, mein Kind."

De Preester güng denn in de Köök,

Schief Schinkenbroot und Koffie-Schluck,

datt harr de Buurfru wiss för em,

förn Preester weer door jüss genugg.

-

Und een und anner keem se denn

de Kinner rut ut Eck und Lock,

se trööken liesen denn döörch Döörp,

wo Preester nienich möök een Stop.

Bien Krööger keek he denn noch rin,

een Kööm vernichten oder twee,

de Göörn weern lang all lang de Schlie,

sick tummeln twischen Wohld und See. 2.3.2023

Segg mi maal

„Mamma, segg mi doch eenmaal

wenn de Sünn so ünnergeiht,

segg mi maal, wo geiht se hen,

wenn de Maand an Heben steiht.

-

Kröppt se liek rin in de Eer,

batts, is se opp eenmaal wegg,

hett se door een grootet Lock,

ik kriegg das so gaarnich trech."

-

„Nee, mien Jung, de Sünn, de schlöppt nich,

se geiht jümmers üm de Eer,

opp de anner Sied sind Lüüd,

de bruukt ook maal ehr Verkehr.

-

Und bi uns door is´t maal düster,

denn de ganzen lüttjen Blööm,

de mütt ook doch eenmal schlaapen,

so as du, mien lüttje Söhn."

30.11.2023

OPP GROODE FAAHRT

Ik fohr mien Boot ok ohne Water,

geiht nich so gau, ik kaam denn laater,

mien Fröhstück und een Regenjack,

dat heff ik all dor bin in packt,

ik bün vergnöögt als Fahrensmann,

noch hef ik tied, ik kumm schon an.

-

Mien Opa Smuttje fööhrt to See,

he kennt sick ut mit Luv und Lee,

hett mi vertellt vun Singapoor,

und ook vun siene letzte Tour.

Dat güng am End naah Hamborgg hen,

he keehrt denn bi mien Oma in.

-

Nu speel ik Smuttje hooch op See,

kiek mi good üm nah Luv und Lee,

mien Schipp, dat ist een oole Döör,

doormit ik bit Havanna föör,

Ahoi! Roop ik, und gah an Land,

gifft ÖÖBERALL een Waaterkant.

11.11.2023

STADT-SCHOOL

De eerste Dagg in groote School,

keem ut een lüttje School op Döörpen,

een Hoffplatts - dreemaal licht so groot

und vull mit Kinners und Konsorten.

Door stünn ik nu an Mooders Hand,

ehr anner Hand, de höll mien Brooder,

und opp de Trepp, door stünn een Mann,

keem meist nich döörch mit siene Order.

-

„Ruhe Bitte!!" - bööölkt de Mann,

wull sach vertelln uns, watt nu geiht,

so veele niehe Kinner weern

doch so gespannt und so verdreiht.

Datt weer een Roopen und Vertelln,

und ik stünn door so meern doorbi,

keem mi so föör, as stünn ik jüsst

in'n Schaaps-Drifft bin und keem nich fri.

-

Vun düsse eerste groote Dagg

kann ik nix anners mi besinn,

as datt Gewimmel opp den Platz,

und Lehrer-Stimm, de sick nich finn.

Weet nix mehr vun de groote Klass

wo wi mit veerdich Kinner seeten,

doorvun erinner ik mi denn,

nu ook nich mehr, wie all se heeten.

21.3.2023

STRICKEN LEEHRN

Mamma seggt, nu schasst du stricken,

jede Deern mutt sowat lehrn.

Mutt nich gliecks een Pulli sien,

Pottlapp kann datt eerstmaal weern.

Hier is Wull und ook twee Pinns,

sett di daal, ik wies di datt,

man de Deern hett door keen Lust to,

und se denkt: Ik schiet di wat.

-

Föör de School mutt ik noch schrieven

Reegg mit O´s und I´s und so,

School is wichtigg, weet ook Mamma

und se seggt, denn maak man to.

Taafel her und Griffelkasten,

schrieven lehrn, datt maakt ehr Spaaß,

wooto schall datt doove Stricken,

mütt jo ook nich Hans und Klaas.

-

Deern is se, is ook nix leeges,

man dat Stricken und datt Neihn,

will partuu nich in de Hänn rin,

kann sik gaarnich dooran frein.

Mamma lockt mit lütt Geschenke,

de se fädelt in de Wull,

aaber doorför lang to stricken

doorvun is de Nääs SO full.

-

Irgendwann hett se datt lehrt,

as vun söölben se datt wull,

Poppen in de Kinnergaarn

kreegen Kleeder, Mütz und Schaal.

För de eegen lüttjen Kinner,

strikker se mit Spaß und Triks,

soveel scheune warme Saaken

so vergnöögt, as weer datt NIX.

19.3.2023

SCHLAAPENS-TIED

Ik lees di wat föör,

maak to diene Gluggen,

is doch veel to laat,

du musst nu maal Schlaapen,

hesst hüüt veel beleevt,

wi weern hüüt op Tuur,

door weer so veel Niehet,

datt leegg op de Luur.

-

De Kuppeln mit Kööh,

de keeken di an,

se neehmen datt Gras di

so glieks ut de Hann,

se stünn an de Tuun

und wulln an di lecken,

do wullst du dien Fingers

ganz gau denn weggtrecken.

-

So lütt diene Hand,

dat Muul weer so groot

so lang weer de Tung,

kreegg diene Hand faat.

Doch tröök se dat Gras blots

vun diene Hand fri,

so mit een lütt Juchzer

sääst du bloots maal: - Iiih -.

-

Nu schlaap, mien lütt Sööten,

is buuten all düüster,

de Wind will noch grööten

mit Blääder-Geflüster,

höör to, wie dat fiechelt

so sachten ümt Huus,

und höörst du wat piepen,

is´t blots een lütt Muus.

22.3.2024

4 VUN FRÖÖHER

FLEESCHWOLF

Fleesch und Speck so Stück för Stück

packst du in dat groote Muul,

nimmst den Schwengel in de Hand,

dreihst und dreihst, denn geiht dat „cool",

vöörn kruupt Wöörmer rut, so veel,

is jo meist ook Zauberee,

datt soon richtigg groot Stück Fleesch

warrt ton masse Wöörmeree.

-

Man pass op dien Fingers opp,

steekst du de eenmaal mit rin,

datt ook allns kümmt in de Walz,

Fingers sind gau twischen-bin.

-

laater haarn wi so een Ding,

womit wi denn drückern naah,

doormit dat doch beeter güng,

und de Fingers weern noch door.

-

Allns mutt man ut-een denn schruuben,

allns mutt rein sien, glatt und schier.

Affto-dröögen lööt mant lingen,

bitt dat richtig af-dampt weer.

Schruuben, Messer, dat Gewinde,

müss jaa näächstet maal noch gahn,

denn int Schapp mit düsset Veehtüch,

bit dat bruukt – door kann dat stahn.

9.5.2023

MIEN TÜDDELBAND

Mien Tüddelband dat weer een Stück

vun Kabel ut Manöwer-Tied,

dat leeg door Kilometerlang

vun hier naah dor, vun hier naah wiet.

Dat leegg in´n Wohld, wi hoolern dat,

wöör Wäsche-Lien und Tüddelband,

dat ganze Döörp harr wat doorvun,

stabiel weer dat as irgendwatt.

-

Und all wi Kinner harrn so wat,

een Tüddelband ut Kabeldraaht.

Door geef dat nie nich Stried dorrüm,

denn jeeder een kreegg dat jo faat.

Manööwer weer door all Nees lang

bi uns Missunn hier an de Schlie,

weern Bundesweer und Engelschmann

und Dänen weern ook maal doorbi.

\-

Een Springtau weer uns Tüddelband,

nich all, wer nie, de schnacken Platt,

door schnackt wi platt und hoch eenmaal,

vun Kind to Göör, door geiht sowat.

Wi hüppern loos mit veel op´t maal,

door güng dat los mit groot Juchhei,

so´n Tüddelband ut Kabeldraht,

dat hölt wat ut und geiht nich twei.

12.2.2024

BUS VERPASST

Door fööhrt he loos, de Bus is wegg,

keem graad noch achtern üm de Eck.

De Schooltasch swoor, so ünnern Arm,

de Schweet löppt ööbern Rüüch mi warm,

de Mööhlbaargg weer so lang und hooch,

mien Lung piiept opp dat letzte Lock.

Keem DOCH to laat, all wedder maal,

schmiet Tasch vun mi, und sett mi daal.

-

De Lehrer sääh, du hesst noch Tied,

de Hoolsteed is doch gaar nich wiet,

in tein Minuten schaffst du datt,

bitt wi hier ferdich? duurt noch watt.

Doch jüm sien Been sünd doppelt lang,

mien korte Been maakt nich den Fang.

Ik loopen mutt den ganzen Wegg,

Iss pünklich he, kriegg ik´t nich trech.

-

Nu sitt ik opp mien Tasch und freer,

bün natt vun Schweet bi datt Malöör,

dree Stünns bit to den näächsten Bus,

de Lehrer hett een Hackenschuss.

Verdrieff de Tied mi in de Stadt,

loop doorin rüm, bekiek mi wat,

kann doch nich irgendwo maal rin,

de Laadens weern so anners binn.

-

Doch ook wat Goodet hett dat maal,

DEE Bus föört bitt int Döörp hendaal,

door mutt ik nich een Stünn to Foot,

heff jo ook noch mien Frööhstücksbrot,

doch eerstmaal kaam ik opp de Been,

will hier nich sitten so alleen,

heff mi verpusst, kenn Eckernföör,

faahr denn nah Huus bit an de Döör.

25.6.2022

SCHLIE-DROOHM

Sitt ik so maal an dat Waater,

plätschert lies vöör mi de Schlie,

an de Bucht door mang de Dannen,

köömen frööher se vöörbi.

Drachenscheep vun Wiking-Faahrten,

hier güng dat nah Haithabu,

Rauh-Gesellen weern Konsorten,

liekwegg hier op unse Schlie.

-

Heff door dröömt, wenn ik aleen weer,

Kumpels wulln blots Spaaß und Speel,

heff ook mitmaakt, weer doch Kind noch,

man aleen weer ik ook veel.

Denn weer Wald und Schlie mien Leben,

so een ganz een annern Welt,

und Missun weer so lebendig

in Geschichten mi vertellt.

-

Und ik höör de Ruder-Pinnen,

und ik höör datt Ruderleed,

düsse rauhen, wilden Stimmen

wenn ik an de Kant door seet.

Und se faahrt an mi vorööber,

und ik sööh den Drachenkopp

wiest den Wegg nah Haitabu,

und ik hüpp am leevsten op.

-

Denn nah Hus den ganzen Wegg lang

jümmers lang mien schööne Schlie,

in mien Kopp ganz Wiking-Deern noch,

und ik fööl mi stark und frie.

Blang mi op dat stille Waater

noch een Boot mit Drachenkopp,

und ik grööt se: "He-Halloo-ok" - ! -

Gaah den Wegg nah Dörpen ropp.

18.11.2022

SCHEUNET MIST

Nu fööhrt se mit Mist und beklekkert de Straat,

hool Schüffel mien Jung, kriegg wat doorfun faat,

uns Gaarn kann doch ook noch so goot doorvun hemm,

hool Schüffel mien Jung, und denn spütt in de Hänn.

-

Ik hool gau de Schuufkaar, de steiht in de Stall,

wi wöllt hier de eerts sien, so op jeden Fall,

wöllt anner lütt Lüüd denn ook wat för sick,

door achtern is noch wat, ik heff dat in´n Blick.

-

Verdeel dat in´n Kompost, und laat dat beet stahn,

föör Plant-Tied und Saat-Tied, denn gaht wi maal ran,

uns Gaarn kricht den Fooder, dat allens gedeiht,

dat eeten wie hebbt vun wat plant und wat seiht.

5.5.2023

NAH GEWITTER

Reegent hett dat und Gewittert,

doch mit eens is dat vöörbi,

wieder wegg, door rummst dat lieser,

Heeben is hier wedder fri.

Man door buuten löppt dat Waater

in den Rinnsteen fix hendaal,

Schipp ut Zeitung und ut Twiegen

gaaht op Tuur mit Tempo vull.

-

Baarfoot nebenher door loopen

Jungs und Deerns in Farkendraff,

Welk een Schipp is nu am schnellsten,

wer schött nu den Vogel af.

Sünd jo man so föfftich Meter,

bitt de näächste Gulli schnappt

all de veelen lüttjen Böötjes -

doch bit doorhen hett good klappt.

28.5.2024

5 TOSAAMEN

WUSSEN WOORN

Nu büst du groot, de School föörbi,

Hesst Leehr ook maakt und Arbeit funn.

Geihst aff und to maal op de Swutsch,

Und dreihst mit Fründen diene Runden.

Verdeenst dien Geld und kümmst torecht,

een lüttje Wohnung hesst för di,

kannst maaken, wat du willst und meenst

büst vun Bestimmers eerstmaal fri.

-

Man mit de Tied und mit de Jaahrn,

door feehlt son beet - föört Haart und so,

müchst ook maal schnacken, wat di keert

mit een, de eernsthaft höört di to.

Sühsst annern gaahn mit Haartensfründ

so Hand in Hand to tweet alleen,

und fiecheln bi een liesen Danz

mit Oogen, de verleevt sick seehn.

-

Hesst du denn Glück, und finnst so wat,

dat passt und wackelt und gedeiht,

denn buut tosaamen ji een Nest

datt dat ook bald paar Kinner freit.

Musst mit een annern eenigg warrn,

Hesst diene Tied nich mehr alleen -

Een annert Leeben ist dat nu

Wenn Lüttvolk löppt üm diene Been.

22.5.2024

KIEK MAAL RIN

Kiek maal rin, vertell mi wat,

heff von di so lang nix höört,

hesst du denn so veel to doon,

ik fööl mi so wiss nich stöört,

wenn du pochst an miene Döör,

fröchst, op ik wohl heff maal Tied,

kaam doch rin, ik freu mi doch,

Koffie is ook glieks so wied.

-

Wat maakst du, wat maakt dien Fru,

sett di daal, ik finn een Tass,

schnack man loos, ik höör di to,

Koffie in dien Tass gliecks wasst.

Melk steiht door, ik weet datt noch,

Zucker wisst du nicht doorto,

heff di doch so lang nich seehn,

und di geiht datt liekes so.

-

Und du seggst, du büst in Rente,

maakst nu eenmaal diene Runn,

wokeen door noch bleeben is,

hesst den een und annern funn.

Man so veel to veel vun domaals

sünd nu wegg und leevt nich mehr,

oder hebbt sik söölbst verloren,

leevt vun allns ganz ut de Kehr.

-

Doch wi sünd noch goot in Gänge,

laat uns snacken und uns freun,

vun de goode oole Tied,

domaals weer dat doch so scheun.

As wi all noch jung und knackigg

seeten Aabends Rügg an Rügg,

snacken vun de Deerns so seut

op de oole Damperbrügg.

28.2.2023

ANNERS RÜM

Willst du dien Leevsten anners hemm,

graad so, as di datt beeder passt,

gefallt di dütt und datt nich so,

is di datt jüsst een groote Last,

denn denk maal nah, watt maggst du so,

datt du de Leev to em hesst funnen,

hett he datt Leegge erst afleggt,

isst ööft genugg ook datt versvunnen

wat diene Leev to em hett bröcht,

wat hett dien Haart dat Beebern leehrt,

de ganze Mensch is, wat he is,

und fehlt door wat, is he verkehrt.

-

Und danzt he denn naa dien Musik,

wenn du bi em de Faadens treckst,

denn hest du bald keen Leevsten mehr

wiel du hest em in Grund verhext.

Is nich mehr so, as he maal weer,

kümmt ook bi DI nu anners an -

Een Leevsten HARRST du denn eenmaal,

nu hesst du blots een

HAMPELMANN !!

27.4.2024

6 UNS LEBEN

UNS TIED

De Tied, de löppt,

door mööt wi mit,

dat Goode ist, se blifft nich staahn,

hoolt wi maal an,

dat maakt eer nix,

ohn uns kann se doch wiedergahn.

-

De Tied maalt uns wat int Gesicht,

so Striemels, de man Falten nöömt,

und rundüm packt se uns wat to,

wenn wi to Meddagg uns verwöhnt.

Wi köönt nich mehr, wat frööher güng,

und op de Trepp op halwde Hööch,

door staaht wi und verpuust een Tied, -

watt ist de Luft hier bin so dröögg.

-

Und lütter warrt wi mit de Tied,

ook wenn de Rügg keen Pukkel hett,

de Eer treckt uns to siek hendaal,

ook wenn wi uns an Morgen reckt.

Rönnt nich mehr Kilometers af,

nimmt jede Bank to´n sitten mit,

doch sett wi Foot för Foot noch an,

denn geiht datt noch, wi sünd noch fit.

-

De Tied, de löppt,

denn laat se man,

se geiht ook, wenn wi staaht und sitt.

wi kiekt er to, wo will se hen -

dat Goode ist - wi mööt nich mit.

13.1.2023

WO GEIHT DAT LANG

Kümmst du ganz nie op düsse Welt,

büsst noch ganz natt und protesteerst,

is allns so luud und hell und groot,

und beeberst böös, wiel du so freerst,

denn segg ik di, du lüttjet Ding,

een Platz hesst du föör di alleen,

und de is dien, datt segg ik di

doch eerstmaal kannst blots ganz luut schreen.

-

Man mit de Tied und mit de Jahrn

finds du een Leben ganz föör di,

lehrs vun dien Öllern und de Welt,

doch irgendwann löppst du di fri.

Probeerst di ut mit dütt und datt,

verlöppst di af und to ook maal,

bit irgendwann dien Wegg du finds,

gifft veel doorvun, du hest de Wahl.

31.1.2023

DE WEGG NAH BAABEN

De Wegg ant Licht, de geiht bargg-hoch,

de is nich licht, door bruukst du Moot,

door lingg di jümmers föör de Fööt

veel Knüppels, lütt und breet und groot.

De een und annern packst du an,

rüühmst se to Sied, maakst Füür doormit,

man mennigg een is veel to groot,

to fast dee in de Eer door sit.

-

Du kümmst nich wieder, schaffst dat nich,

wat du geern wullt, kann doch nich gaahn, -

besinn di denn, wat blifft di noch,

bliev ook denn geern eenmaal so stahn.

Gifft doch noch anners, wat du kannst,

probeer dat ut, gaah annern Wegg,

und mit de Tied und mit de Jaahrn

kriggst du dien Leben doch noch trech: 18.5.2023

PÜNKTLICH SIEN

Laat nich geern opp mi maal tööben,

pünktlich sien, dat is mien Ding,

kann so gau doch nich meer loopen,

doorop mutt ik mi besinn´n,

kenn mien Wege all so goot,

weet, wie lang ik loopen mutt,

man de Wege sünd all wussen,

Tied-Plan füll mi in den Schutt.

-

Klock hett seggt: Nu musst du los,

so is dat noch jümmers west,

heff de Tied lang affprobeert,

und verlaat mi opp den Rest.

Döörf so gau nu nich meer loopen,

Stolper-Steens sind in de Wegg,

Fööt kaamt nich so wiet na baaben,

Stürzer maaken is keen Fest.

Man dat Leben bringt Gewohnheit,

denk noch oft, ik heff noch Tied,

tüddel rüm as oole Fru,

und mit eens is´t all so wied.

Gau de Jack an, mutt noch kieken,

wo is dütt und datt nu weer,

döörf de Sünnbrill nich vergeten,

und dat Geld mutt ook noch her.

-

Loop denn los, und denk: Nu sutsche,

aaber treck dien Hacken naah,

denk bie´n eersten Gully-Deckel:

Fall nu nich, kaam, pas nu paa.

Will jaa nich naah Toch und Bus,

man blots pünktlich will ik sien,

und sooo veel wart dat nich laater,

meist to Tied bin ik ook bin.

23.2.2024

ROSEN-MAANDAGG

Is Karneval, is Karneval,

hier baaben kennt wi datt doch ook,

is Fastelaabend, Fastelavn,

man sinnich is hier düsse Saak,

Kostümfest oder Maskerade,

in Kinnergaarn und ook in School,

door loopt Piraten und Prinzessin,

und aabends süppt man sik ook full.

-

Und hier und door gifft ook een Ümtoch

door fiert man loos mit em und eer,

eenmaal int Jahr sik maal verkleeden

is ook för Nordlichter nich schwer.

Een Bäckermeister und een Preester

in groot Ornat mit Flitterkraam,

de Düüwel geiht Klock een Kapeister,

und Zeegenbock verleert een Hoorn.

-

Nich ganz so veel as frööher maal

seeht se sik an, dütt "Mainz bleibt Mainz",

denn Sponheimer und ook Ernst Neger,

datt "Heile, Gänschen", dat weer seins.

Und "Gelle gern", süng domaals Margit,

doormit is datt all lang förbi,

de Veereck-Kassen hett veel anners,

und "Mainz bleibt Mainz" hett meerstens fri.

20.2.2023

WATT IS LOS MIT DE BÜX

De Büx warrt eng, und jümmers enger,

de Wäsche is door nich an Schuld.

Ik heff de Büx all so veel Jaahrn nu,

is lang schon oold und lang betaalt.

Datt mutt an ganz wat anners lingen,

mien Waagg seggt ook, nu is maal good,

maak maal dien Teller nich so vull mehr,

und Naah-Disch denn nich ook noch hoolt.

-

Wiel doch to veel wat an mi sitt.

Man jümmers denk ik denn bi mi:

Will doch maal schlanker warrn und fit,

loop vun Gewicht mi nich meer fri.

Denn Loopen geiht bi mi blots sinnigg,

rönn ik to gau, denn geiht verkeert,

liggt denn een Steen maal in de Wegg mi,

sitt stoppelboots ik an de Eer.

-

Neeh, Schokolaad und Stücker Kooken,

und twischendöörch noch lecker Iis,

datt schmeckt so good, und noch lütt beeten,

datt sett maal an, datt is wohl wiss.

Nu griep ik leeber mi een Appel,

een Guurk und ook maal een Tomat,

Kohlrabi magg ik ook geern eeten,

maal seehn, ob Büx nich passen warrt.

28.8.2023

BESÖÖK VUNT PECH

Wat maakst du blots, dat is nich gut

Schmiet doch dat Pech maal bi di ruut,

son Schietkraam wöllt wi doch nich hem,

sech doch dat Pech: „Nu gaa maal hjem,

ik will di hier doch gaarnich sehn,

hau af und streck maal diene Been."

-

Bliffst du ook länger maal bi mi,

seggst du: "Dat is so scheun bi di,

du hest so goot wat för di schafft,

giff mi een beten doorvun af!"

Denn dreih dat Pech een lange Nääs:

"Kann doormit üm, dat is wohl wiss,

-

ik kenn di doch, weerst öft bi mi,

ik lach di wat, und lach mi fri,

kieck mi denn üm und finn so veel,

wat mi noch freut und warmt de Seel.

Verhaagelst du mi maal de Tuur,

mien Toversicht liggt op de Luur."

-

Denn kieck ik, wat dat Pech mi bringt,

höör, wat vun Melodie he singt,

finn rut, ob ik wat maaken kann,

kumm an de Stolpersteens maal ran,

weet doch, datt Pech ook wedder geiht,

so seeker, as de Welt sik dreiht.

-

Datt is mi in de Weech al lecht,

ik kaam mit allns, wat kümmt, ook trech.

Drum blifft mi all dat Schöne goot,

gifft mi de Krafft und ook den Moot,

lach denn dat Pech ganz früündlich an:

Door kümmt he nie nich gegenan.

5.5.2022

Laat mi ruut

Vun hier bit in de wiede Welt,

so hebbt wohl veele hier maal dröömt,

hebbt staahn an Kai, maakt Tampen loos,

will schippern ünnert Himmelszelt.

So frie vun allns, de Soorgen wegg,

den Ooldagg eenmaal achter di,

keen een kann di noch mehr vertöörn,

und du büst eenmaal ganz bi di.

Kaamt doch alleen ok eenmaal klaar,

ik bün maal wegg, bün eergendwo,

kaam denn ook wedder maal torügg -

so eergendwann - dat is wohl so.

-

Is blots een Droom, wennt Leben klemmt,

to veel dien Nack so rünnerdrückt,

wenn to veel di de Luft weggnimmt,

to veel mit Sorgen di bestückt,

denn geihst du rut, bruukst frischen Wind,

löttst üm dien Nääs maal weihn de Stoorm,

man du büst doch nich ganz alleen,

se bruukt di noch, driev an den Kaarn. -

Denn dreihst du üm und geihst naah Hus,

und jümmers schneller geiht dien Schritt,

so eergendwie warrt wiedergaahn,

beet frischen Wind nimmst du noch mit.

3.10.2023

KOLLEGEN

Een Tschüss to seggn vun een Kolleegg

de affgeiht und nu Rente kriggt,

is maal Verlusst und maal een Freid,

so ganz doornah, ut wat föörn Sicht.

Maal weer he Fründ, mal weert nich good,

man irgendwie müss dat jaa gaahn,

güng´n Sieht an Sieht so veele Jaahrn,

wöörst geern mit em noch wiederfaahrn.

-

Door staah ik nu und schall wat seggn,

heff doch am längsten mit em deent,

in so veel Jaahrn güngt op und daal,

door lacht een Oogg, datt anner weent,

hebbt maakt und arbeit Sied an Sied,

und hebbt ook fiert so mennigg maal,

man un-eenigg, datt weern wi ook,

harrn vun den annern Nääs so full.

-

Doch jümmers güng dat wedder schier,

so veel wat uns tosaamen höllt,

hebbt ook nah Arbeitstied noch snackt

und ook, wat nich so good, vertellt.

Harrn nich blots Arbeit, weern ook Frünn,

de deelt dat Leed und ook de Freid,

harrn Kreihnschied af und to ook för,

worööber noch een Grientscher geiht.

18.1.2023

FÖÖRBI

Ik kunn all lang di nich mehr fraagen,

wie weer dat eenst bi uns tohuus,

hesst di doch sülben nich mehr kennt,

kennst di ook nich mit frööher uut.

Söhst blots noch all datt hier und nu,

wullst so veel noch, doch nich mehr WATT,

verbiestert hesst di in dien Leben,

harrst oft genugg dien Leben satt.

-

De Herrgott hett een Insehn hat,

hett seggt: „Lütt Rosi, kaam to mi,

ick nehm di all dien Sorgen wegg,

büst endlich för di söölben fri.

Harrst langet Leben, hesst dat schafft,

wusst Huusfru ween mit Kind und Deert,

hesst dat beschickt mit Moot und Kraft,

und hesst för all se datt bescheert.

\-

Een Jaahr büsst du all anners wo,

mien Telefon finnt di nich mehr,

hesst du door nu dien Leevsten funn´n?

Und keem dien Dochter ook doorher?

Du anterst nich, wenn ik di fraagg,

uns Schnack to tweet is nu föörbi,

ik gönn di doch dien leeve Roh,

man Lengen – HEFF ik noch nah di.

6.2.2024

IRGENDWANN

Maak ik een Plaan för irgendwann,

watt ik maal will, noch eenmaal maaken,

denn fallt mi immer noch wat in

vun all de gooden, scheunen Saaken.

Datt müch ik doch so geern probeern,

fang dütt und datt bi lütten an,

föör so veel müsst ik noch wat lehrn,

fang denn glieks morgen doormit an.

-

De Anfang is denn gau ook maakt,

paar Daagg seh ik, datt geiht doch goot,

kriegg ook datt een und anner trech,

man kaam denn ook bald in de Not:

Bruuk doorto noch so Dütt und Datt,

wenn ik datt recht beschicken will,

loop los, besoorgg mi door noch watt,

doch denn steiht datt ook wedder still.

-

Heff wedder so een good Idee,

dat anner blifft denn eerstmaal ligg´n,

de Bastelee, de ik door seeh,

door fangt mien Fingers an to sing´n.

Datt will ik denn maal gau probeern,

datt süht so lustig uut föör mi,

denn fang ikk denn ook doormit an,

und bliev een Tied lang door ook bi.

-

So heff ik bastelt, musizeert,

heff Biller maakt mit Ministeck,

heff Kaarten leggt mit Sammel-Lust,

gymnastisch miene Knooken reckt.

Mit Gröönland-Perlen soo veel Schmuck

und Horoskope lehrt und stellt,

so veel Ideen hett de Mensch

in düsse groote, wiede Welt.

-

Nu schrief Gedichte ik mit Lust

dat Biller knipsen ook noch tellt,

kiek mi noch an, watt allens gifft,

mien Tied mi opp den Teppich höllt.

Datt een und anner Puzzle geiht

so twischendöörch bi Film und so,

för IRGENDWANN bün ik to old,

doch kiek so geern noch beeten to.

17.3.2023

RENTNER-TIED

Mien Wecker is in Rente gaahn,

de tikkeltakkelt föör sick hin,

geiht digital mit Batterie,

mit Klingeln hett he nix in Sinn.

Wiest mi de Tied wenn ik maal kiek,

und rasselt morgens nich mehr af,

blots wenn ik mutt nah´n Dokter hin,

sorgt he doorföör, datt ik dat schaff.

-

Ob Sünndagg oder Ooldagg is,

dat is föör mi ok so een doon,

nehm Frööhstück graad, wenn ik dat will,

kriegg mit mien Rente ook mien Lohn.

Heff Plichten, de ik söölben maak,

ik regel datt, wie mi datt passt,

und heff ik eenmaal denn keen Lust,

denn bringt Geweeten mi keen Last.

31.5.2024

NEENGDICH

Hüüt fiiert wi unsen Jubilaar

und bi em sitt de Bürgermeester,

de Buddel steiht glieks ook doorbi,

an anner Sied, door sit de Preester.

Eerst hett de Bürgermeester Schnackt,

de Preester geev sien Semp doorto,

de Glaasen hoch und dreemaal Hoch,

de Jubilaar - - wull geern sien Roh.

-

He hett de Neengdich nu all faat,

em wöör dat seggt, dat mutt man fiern,

veel leewer seet he in sien Stuuv,

so ganz gemöötlich mit sien Tiern.

Mit Musche und de lüttje Hund

door schnackt he geern maal beeten Platt,

nu wöölt so veele mit em fiern,

verstaat nich maal, wat he so schnackt.

-

De sind studeert, sind nich vun hier,

man "Proost", dat seggt se maal op maal,

den oolen Mann to gradoleern,

door seggt se ook ganz klook maal "Skaal".

De Jubilaar denkt sick sien Deel,

"Mien Sünndaggs-Schoh drückt mi de Töön,

nu suupt man gau de Buddel leer,

bin leewer mit mien Tiern alleen."

10.1.2023

A-TSCHÜSS

A-tschüss to seggn is ook maal Seegen,

wenn datt nich mehr een Leben is,

kannst in di söölben nix mehr finnen,

weest blots noch, datt du wat vermisst.

Willst doch so geern noch wat beschikken,

man kannst nich mehr, versteihst dat nich,

du willst doch, musst doch, willst so geern,

kriggst nich meer faat in dien Geschicht.

-

A-Tschüss to seggn is ook maal goot,

hest du di sülben ganz verloorn,

kannst graad so veel noch för di denken

as weerst du graad erst güstern boorn.

Weer blots noch Last föör di to leben,

de Freid, de Leev, dat weer vöörbi,

denn laat man los vun all dien Streben,

laat los dien Seel, nu büst du fri.

-

A-tschüss to seggn is schwaar und licht,

du hesst dien Roh, dat gönn ik di,

föör mi süüht doch ganz anners ut,

du klingelst nich mehr an bi mi.

Föörbi de Klöönschnack vun uns Leben,

vun em und ehr, uns Kinnertied,

vun deep Gedanken und uns Streben,

bit Klo-Gang weer all weer so wiet.

28.1.2023

ALEEN MIT MI

Ik seet so oft op düsse Bank

datt weer so still und so vertruut,

harr graad mien Männe noch besöcht,

bi em süht dat ganz anners ut.

Ganz ünner in een düster Eck,

een hooche Heck schluckt all datt Licht,

begrenzt von lichte Birken-Bööhm,

een Bank steiht door noch immer nich.

-

Door ünner in de koole Eer,

door is dat, watt noch bleeben is.

Een Steen, een Naam, und sünst nix mehr,

he is nu fri, datt is mi wiss.

He kunn nich mehr, ik lööt em loos,

ik weet, datt geiht em bannig goot,

hier ünner in de feine Sünn,

door sitt ik, hool mien Hänn in´n Schoot.

-

Heff wedder seggt A-tschüss nochmaal,

nu is mien Süster von mi gahn,

door denk ik noch eenmaal an di,

mien Männe, dat warrst du verstahn,

All twindigg Jahr is dat nu her,

und ook dien Janne is nich mehr,

uns Süsters sind nu beid bi di,

und jümmers wedder is dat schwer.

-

So lang steiht hier de witte Bank

und keen een sett sick door noch daal.

So hebbt se Tied, de schöönen Blööm,

und wasst de ganze Bank nu full.

Is Platz för uns, wi wassen hoch,

bit wedder een sik setten will,

wi hoolt den Platz för eene Seel,

de för sik eenmaal bruukt de Still - .

8.22023

DE ANNER SIED

Door achtern, opp de anner Sied,

wer magg door staahn und seggt mi: Moin!

Een leeve Minsch, den heff ik kennt,

de segg: Datt du nu kümmst, dat is so scheun.

Denn kaam man mit, ik wies di dat,

wer sünst noch hier is ut de Tied,

nu sind wi alle langsam hier,

wat frööher weer, door sünd wi quitt.

Keen Aahnung heff ik, wat door kümmt,

hett mi noch keen een wat vertellt,

heff noch mit keen een snackt bit nu,

de weer all in de anner Welt.

Ik kiek mi an, as dat HIER is,

so rund üm mi, bin nicht alleen,

finn mi ganz good torecht doorbi,

und wat DENN kümmt, dat warr ik sehn.

2.4.2023

7 TON WOHLFÖÖHLEN

DAT GLÜCK

Dat groode Glück, dat is graad so

een Elefant door opp dien Wegg.

To ööbersehn bi Dagg und Nacht,

datt kriegst bi lütten du nich trech.

Denn freust du di, wo scheun is dat,

du willst em fasthooln, wat ut maaken,

doch Lüttje Kerl büst du man blots,

kennst di nich uut mit groote Saaken.

Wat anners is dat lüttje Glück,

dat kümmt nich her so groot und stark,

is as een lüttje, graue Spatz,

man wiest sick as een Wunnerwark.

Denn door gifft veel doorfun üm di,

doch de musst du mit Haarten seehn,

dat lüttje Glück kümmt nie alleen

und löppt di jümmers üm de Been.

10.3.2023

GEMÖÖTLICH

Dat Waater vun baaben,

de Stoorm ut Nord-West,

ik bliev hüüt op´t Sofa,

door geiht mi dat best.

-

Maak mi een Tass Koffie,

wat Söötet doorto

heff Bööker ton Lesen,

kiek ook maal Tevau.

-

Kümmt denn maal de Naahbersch

maal schnacken een Toon,

„Denn gaah eenmaal sitten,

iss dröögg, wo ik waahn."

-

„Wilsst ook een Tass Koffie,

denn nehm di de Kann,

int Schapp sünd noch Tassen,

door kümmst du wohl ran."

-

De Naahbersch hett jümmers

eer Schnackfatt doorbi,

vertellt mi Geschichten,

door is se ganz fri.

-

Ob datt nu ook waahr is,

ik segg nix doorto,

schnackt se blots vunnt Weder,

denn bün ik ganz froh.

-

Een lüttjet Geplätscher

vun Dütt und vun Datt,

vun Blöömels und Fröhjaahr

und vun eer lütt Katt,

-

door kann ik wat schnacken,

door hääng ik mi an,

bit Koffie is drunken

vun uns irgendwann.

-

„Na, tschüss ook, denn will ik

maal wedder nah Hus,

is buten graad dröögg nu,

wenn Stoorm ook noch bruust.“

21.2.2024

IN GEDANKEN

Ööfteens gaah ik so för mi,

denk an nix, will eenfach gaahn,

doch mien Meester Innerlich

blifft keen Oogenblick maal staahn.

Door denkt irgendwatt alleen,

formt sick Biller und Gedanken,

löppt mi door ganz ut Verseehn

döörch den Kopp und bruukt keen Hanken.

-

Jümmers wedder maark ik denn,

door kümmt een Erinnern mit

an een Tied und een Beleeven,

anners waart mi denn de Schritt.

Gaah in Takt mit, wat door dacht warrt,

und de Biller warrt nu klaar,

weet nu, wat mi graad so faat harr,

und denk mi: Dat is wohl waahr.

30.3.2023

FÖR DE SEEL

Laat de Seel mi eenmaal baumeln,

ganz alleen föör mi in´n Wold,

nich mit Frünnen und Bekannten,

de nich ehre Snut door hoolt.

Will de Vaagels singen höörn

und datt Whispern in de Dann,

will den Duft in mi rintrecken,

ganz deep rin, so wied ik kann.

-

Wied warrt mi, de Seel will leben,

suugg den Wold deep in mi rin,

liesen warrt nu all mien Streben,

eenfach LEBEN - is mien Sinn.

Still is´t nich, hier mang dat Grööne,

man dat is Natur-Musik,

Vaagel-Zwitschern, Dannen-Susen:

Is föör mi dat stille Glück.

26.8.2023

8 MAAL KRITISCH

NAAHSCHENKEN

Schluck föör Schluck, dat Glas warrt leerer

und de Kopp warrt jümmers schweerer,

Denken löppt vun ganz alleen,

man hesst Watte in dien Been.

Singst döörch Döörp und dröppst keen Ton,

bist ümt Eck to Huus doch schon.

Treckst graad noch dien Schooh noch ut,

und denn schnoorcht dat ut dien Schnut.

Annern Moorgen platzt dien Kopp,

Bett danzt loos in een Gallopp -

"Lieschen, hool den Rollmopps her,

ik bün graad beet ut de Kehr.

Und datt segg ik mit Bedacht,

niemaals weer so eene Nacht.

Ooh, mien Kopp, watt dreiht de Welt,

harr leeber nicht so veel bestellt.

28.9.2023

„ACHTBARE LEUTE"

Dat gifft so Lüüd, de gaaht in´n Keller,

wenn se eenmaal lachen wöllt,

sind so stief und veel to vöörnehm,

geneert sick graad, wenn´t eener süht.

So vun Haarten maal to lachen

denn fallt doch wat ut ehr Krohn,

wöllt wat wesen, wöllt wat schienen,

sünd doch een Respekts-Person.

-

Maakt sick in dat Hemd, dat witte,

sind ganz ohne Plack und Fehl,

seeht so scheef nah anner Lüüd,

de sick freut an Spaaß und Speel.

"So kann man sich nicht benehmen,

haben die denn keinen Stolz?"

"Putz dien Krohn und laat uns maaken,

wi sünd nich as du aus Holz."

-

Kiekst du achter de Kulissen

"unter uns" sünd se "Privat",

door warrst DU Respekt vermissen,

Ehr-Benimm is nich apart.

Weerst du eenmaal door "Bedeenste",

süsst du anners düsse Lüüd,

Sauber-Sauber is watt anners,

du vergeetst nich düsse Tied.

12.11.2022

SCHNACK MAAL WAT

Door geiht een Schnack vun Huus to Huus,

und jeder een weet bald Bescheed,

doch dee, vun deen de Schnack hier geiht,

de hett nix höört, und de nix weet.

Und jeeder een gifft noch wat to

wat doorto denn noch passen kann,

kumm segg maal to, wat hesst DU höört,

ik hau di ook nich in de Pann.

-

Soo geiht de Schnack so hen und heer,

kannst bald een Book maal doorvun schrieben,

und jeeder een, de passt good op,

DE schall doch nix to weten kriegen.

Maakt doch den gooden Schnack kaputt,

vöörbi ist denn dat goode Speel,

de Waahrheit wöllt wi gaarnich höörn,

dat putzt doch nich uns drööge Keehl.

-

Man Eergendeener höllt ni dicht,

de MINSCH hett watt doorvun maal höört,

weet gaarnich, datt man EM door meent,

und em´t toeerst noch gaarnich stöört.

He wunnert sik blots, wat se kiekt

so ganz verleegen üm em rum,

se grient sik blots verdeckt so an,

door föölt he sik een beeten Dumm.

-

Door IS doch wat, nu seggt maal to,

wat schall dat Tuscheln und dat Grien,

do druckern all se so herüm,

DEE Schnack is doch so wiss nich MIEN,

IIK heff ook blots maal höört so wat,

de een vertellt, und annern ook,

wer dat hett bröcht und ob dat waahr,

harr doch nich dacht, datt eener LÜÜCHT.

-

See höört denn, watt de Wahrheit is,

und Nick-Koppt maal und seggt:"Och so -",

Denn kiekt se ööbern Disch so rüm,

und höörn ook gaar nich geern mehr to.

Und geiht he denn, üm de dat geiht,

door geiht dat Tuscheln wedder los,

"Een Beeten an is doch wohl noch,

wo Feddern sünd, is ook een Goos -".

30.9.2023

UNFREEDEN

Rutsch mi doch den Puckel daal,

laat datt schimpen, höör mi to,

heff mien Nääs so langsam vull,

laat mi endlich miene Roh.

Jümmers meckerst du mi an,

maak ik maal, wat di nich passt,

diene nücksche, miese Luun

warrt mi langsam eene Last.

-

Rüüm dien Innenleben op,

maak maal Platz föör Spaass und Freid,

denn dien Innenleben bringt,

wat di an de Sied wohl steiht.

Watt du röppst in düüstern Dann,

weckt dien eegen Makker op,

und he böölkt di wedder an,

kriggst dat Echo an dien Kopp.

1.6.2024

DE BUNTE HUND

De bunte Hund löppt hen und her,

is so bekannt vun em und eer,

maal heet he Fidde oder Fritz,

in jeed een Döörp so´n Hund wohl is.

Hett eener wat, dat anners is

und passt nich in een Schuflaad rin,

denn is he bald so´n Bunte Hund,

een Naam föör em warrt man wohl finn´n.

-

He treckt sick an nah eegen Oort,

benimmt sick anners, as man schall,

dat will man nich, dat maarkt man sick,

ook wenn he wied is vun Krawall.

Denn denkt man sick, he truut sick wat,

is em egaal, wat man so schnackt,

beet neidisch is man ook wohl denn,

datt man so´n eegenoort nich packt.

-

Is doch egaal, wat he so maakt,

is blots doch Fidde oder Fritz,

denn lacht man blots noch ööber em,

und wat he maakt, is blots een Witz.

Is nu bekannt as Bunte Hund

und keen een stöört sick mehr an em,

vergnöögt secht man denn Moin ook maal

den Bunten Hund, den man nu kennt.

10.11.2023

NOCH....

Dat letzte Wort is noch nich schnackt,

dat letzte Leed is noch nich sungen,

wi Menschen sind noch jümmers door,

und röört noch kräftigg unse Tungen.

-

De eerste Mensch weer so alleen,

und dat kööm em so gaarnich goot,

nu päärt se annern op de Been

und Platz för all - datt hett nu Not.

-

De Mensch haut wegg, wat em graad stöört,

denn he bruukt Platz för em und eer,

vun de Natur gifft dat so veel,

he schafft dat all sick ut de Kehr.

-

"Doorhen will ik mien Huus nu buun,

Und wat to eeten mutt ik hemm,

Hier könnt mien Deerten wat verteern,

Natur is groot, wat maakt dat denn."

-

Doch Mensch vermehrt sick as een Sük,

he will Natur för sick alleen,

wat all door fallt, maakt em nix ut,

bald is Natur nicht mehr to sehn.

För de Natur is Mensch een Plaagg,

und ööberschwemmt de ganze Eer,

nimmt sick den eegen Lebensgrund

so as een Riesen-Lemming-Heer.

-

Zerstöört, verjaagd wat in de Wegg,

opeens maakt de Natur nich mit,

"Schmarotzer sünd ji all tohoop,

ik schwemm ju wegg, denn sünd wi quitt."

17.2.2023

VUN ÖÖWERALL

Niehet ut de ganze Welt

kriegst du jeden Dagg to seehn,

maal is´t guut und veel mehr leegg,

watt di jaagt in diene Been.

All, wat gruulich, wart berichtet,

wiel dat spannend is to seehn,

Bericht-Erstattung is wi Krimi,

langwieligg, wat blots is schöön.

-

Aaber schöön is doch so Veelet,

dooran schulln wi uns OOK hooln,

friedlich wöllt de meersten Menschen,

door bün ik doch nich alleen.

Rundüm, wat ik söölbst beleev

wat mi so löppt ööbern Wegg,

sind de Menschen nett und friedlich,

mit de meersten kaam ik trech.

19.5.2023

9 WAT SO PASSEERT

DAT FLÜCHTIGE GELD

Hüüt weer ik to Stadt und Bank,

bruuk maal watt för Dütt und Datt,

Konto ist ook noch nich blank,

dat is good - ik hool mi wat.

Rin doormit in´t Potmonä,

maak dat dicht, schüllt eerstmaal blieben,

uutneihn wöllt se jüst so geern,

haut se aff, ik warr se kriegen.

Lüttgeld rullt und Schiens, de flattert,

rullt und flattert eenfach wegg,

musst nu sehn, wie du torecht kümmst,

Geld is all? – Oh, dat is schlecht.

Man wi hebbt jo lehrt sied jümmers,

spaarsaam sien is ook maal good,

reeken eerst - kannst du die´t leisten?

Veel to licht kümmt sünst de Not. 27.4.2023

WO IS MIEN BRILL

Wat söchst du hier in alle Ecken,

löppst jümmers mi döörcht Kiekmaal--Bild,

bi Football is mie´t to´n Verrecken,

wenn jümmers DU dat Bild hier füllst.

Nu segg maal, segg, wat söchst du blots,

kann datt nich tööben halve Stünn,

dann höölp ik di datt ook to finnen,

nu lees dien Book und maak di dünn.

-

Datt is´t jaa graad, kann doch nich lesen,

kann wedder maal de Brill nich fin´n,

de is nich door, wo se is weesen,

und kann mi nich doorop besinn,

wo ik se harr vörhin doch noch,

nu is se wegg, gifft mi keen Roh,

und DUU sittst door und lachst di eens

und höörst am Enn mi gaarnich to.

-

Oh, Mienchen, Deern, ik mutt mi höögen,

du söchst und söchst, bist ganz verqueer,

wisst seehn, wo dine Brill du hesst,

se door to seehn? Wiss is dat schwer! –

IK seh dien Brill – nich op dien Oogen,

beet höher kieck ik blots maal hin,

gah in de Baadestuuf nahn Speegel,

door warrst du diene Brill wohl finn´n.

1.5.2023

DIETRICH

Steihst du föör diene Waahnungsdöör,

dien Schlöttel liggt noch binnen.

Du grippst nah diene Jackentasch,

willst door dien Schlöttel finnen,

man diene scheune, warme Jack,

hängt binnen ööbern Stoohl,

hesst dacht, de Jack, de bruukst hüüt nich,

datt ist hüüt nich so koold.

-

Nu steihst du door, de Döör is dicht,

und du kannst nich nah binn,

du hesst maal höört, een Dietrich kann´t,

den warrst du hier wohl finn´n,

an anner Siet een Naamens-Schild,

door steiht doch Dietrich dropp,

du geihst maal rööber, klingelst an

und Dietrich maakt di opp.

-

"Joh, Dietrich heet ik," seggt de Kerl,

"bün doch keen Schlöttel-Deenst,

een Waarktüch is datt anner Ding,

wat du mit Dietrich meenst,

und ohne Schlöttel bring ik datt

föör di ook nich torecht,

hool du föör Geld een Fachmann ran!"

-

De Dietrich to di seggt.

22.1.2023

KELLER OPRÜHMEN

Ik gaah in´n Keller, rühm maal op,

will maal kieken, watt door blifft.

So veel steiht door sach noch rüm,

womit man nix mehr bedrifft.

Wech doormit, wat schall datt noch,

heff datt lang all nich vermisst,

hool noch een und noch wat mehr

in de Hänn, ob´t noch wat ist.

-

Legg datt eerstmaal noch to Sied,

kriegg de näächst Karton tofaat –

maak em opp und weet ook glieks,

NU is allens opp eens to laat. –

Denn door sünd de Bööker bin,

de keen Platz harrn opp´t Regaal,

denk denn ohne Haarm mit mi:

Ik sorteer se blots eenmaal.

—

Will ik ook, heff dat ook föör,

is ook een und anner bi,

de ik goot entsoorgen kann,

vun Bedenken ook ganz fri.

Man door kümmt wat in mien Hand,

wöör dat geern noch eenmaal lesen,

bring dat Book hooch nah de Stuuv,

und dat Opprühm -? - is nu wesen.

9.4.2023

SCHERBEN

Oole Teller mit een Sprung

Tassen mit Glasur kaputt,

schmiet dat doch nich glieks all wegg,

waahr dat op in eenen Dutt.

Denn datt makt föör mi een Sinn,

heff ikk eenmal richtigg Pech,

will ik datt Geschirr mi finn,

fallt dat daal, denn geiht dat tregg.

-

Wenn dat "Ut Verseehn" passert,

weet doch jeder een genau,

Scherben bringen di dat Glück,

Pech, datt is föör uns de Gau.

Jongeleer mit Tassen, Teller,

bün jo doch keen Akrobaat,

geiht denn schneller, jümmers schneller -

und denn hebbt wi den Salaat.

-

Heff denn Scherben föör de Fööt,

bunt und lütt und groot de Stücken,

Pech, hau aff, nu is´t passeert,

allns warrt uns in Tokunft glücken.

Gifft ook jümmers denn noch wedder

half kaputt Geschirr int Schapp,

geiht int Leben maal verqueer,

ik mi doorvun weer wat schnapp.

24.9.2023

FLOH-MARKT

Hier waart drängelt,

door waart schaaben,

eener pett di op de Fööt,

wisst du denn noch wat bekieken,

hesst du recht so diene Mööh.

Rügg an Rügg, so staaht se föör di

as een Muur för diene Nääs,

watt so Weert weer, maal to kööpen,

<u>nirgends is een Togang fri.</u>

Und vun achtern warrst du schaaben,

wieder treckt di dat all mit,

harrst di dacht, wo so veel staahn blifft,

sacht wat Goodet achter sitt,

na, een doon, schull so nich wesen,

kiek denn wieder eenmaal lang,

finn doch eerstmaal blots Geschirr-Kraam,

Sammeltassen, bunt und blank.

-

Jack und Büx föör lüttje Schieters,

sööiben strickt mit Leev und Wull,

man de Kinners sind door rut,

und Kommod is veel to full.

Und door achter, door is Glas-Tüüch,

ook noch wat ut rein Kristall,

doch nu kümmt een Stand mit Bööker,

graad föör mi - ji könnt mi all -!

-

Denn nu staah IK hier to kieken,

oole Bööker, DATT IS MIEN -!!

Heff so mennig-maal wat funnen,

wat nich bunt und glatt blots schien.

Almanach vun neengtein-gröönkohl,

door ook wat vun Hand noch bin,

oole Tieden warrt lebendig,

ik as Glückspilz mi graad schien.

10.10.2023

DOOR WEER DOCH NOCH WAT ?

Eergendwatt heff ik vergeeten,

geiht so veel mi döörch den Kopp,

mien Rutien hett graad een Haaken,

kaam partuu doch nich doorop.

Watt heff ik denn noch nicht maakt,

Moorgenstünn, door fehlt noch wat,

frööher, as ik se noch harr -

fröcht ik denn ook maal de Katt.

-

Na, egaal, de Müll mutt ruut,

een Staapel oole Zeitungs-Blääder,

watt door binsteiht, heff ik leest,

watt bin weer, kümmt meist nicht weeder.

Pack den Hoopen und gaah ruut,

Trepp hendaal und ut de Döör -

opp den Wegg henööbern Raasen,

kümmt mi wat verännert för.

-

STRÜMPSOCK - loop ik, heff keen Schoh an,

- aaber, Schiet doch - is nu so,

schmiet de Zeitungs in den Kübel,

maak de Klapp denn wedder to.

Fööt föölt sik lütt beeten natt an,

ik weet nu, wat mi hett fehlt,

wenn Gedanken querfeld loopen,

is Rutine quer verdeelt.

16.6.2023

10 HEIMAT

MOORS VUN DE WELT

Uns lüttjet Döörp, Moors vun de Welt

so affsieds leeg datt an de Schlie,

door föör keen Bus, nix Fröömdet keem

bi uns an Ooldagg maal föörbi.

Man „Stillet Döörp"? so weer datt ook nich,

wenn Peerwaagg föör de Döörpstraat lang,

so sinnigg mit een masse Tied,

vun Peer beweegt in Zuckelgang.

-

Moin, Moin - man höört denn aff und to,

wenn noch wer anners ünnerwegs,

denn will man wiesen, datt de Geist

ganz waaken und vergnöögt nu ist.

-

Geiht doch de annern gaarnix an,

datt noch de Kopp vun Beer und so,

drückt di de Nack den Rügg hendaal

so dröönigg noch vun Krogg-Hallo.

-

Een annern een föört noch föörbi,

sitt opp den Bock, de Oogen dicht,

seggst du em Moin denn ook eenmaal,

knoort he in´n Baart, und seggt di nix.

Man ik heff lehrt, een lüttje Deern

mutt Moin seggn mit een Knicks und so,

de oole Buur, he süüht dat nich,

doch Naahbers Oltsch - de kieckt graad to!

26.3.2023

PIRATENDAGG

Dat pufft und knallt, dat zischt und kracht,

o-hauer-ha, nu geiht dat los -

dat donnert, blitzt, is Niejahr all?

Dat Lichterspeel is ganz famoos.

Man wi sünd meern in´n Sommer bin,

und buuten is datt ook noch gröön,

de Donnerkraam hett mi verjaagd,

so batz in Slaap is datt nich schöön.

-

Piraten sünd maal wedder los,

heff se doch güstern erst noch sehn,

mit Tüch und Hoot und Piepenkopp,

Piraten-Steebel an de Been.

Ach jaa, se geevt den Schluss-Salut,

und Eckernföör warrt wedder still,

hebbt wöhlt den Haaven opp un daal,

weer ook maal mang in datt Gewöhl.

-

Een lütten Schnack heff ik riskeert,

"Döörf ik een Bild von di maal maaken?"

He stickt denn gau sien Handy wegg,

de höört nich to bi düsse Saaken.

Fief Meeter snackt wi wieder noch,

datt gifft so veel noch antoseehn,

mien Kamera hett noch veel Platz,

und de Pirat blifft nich alleen.

13.8.2023

LANG IS´T HER

Geiht de Sünn doorachter ünner,

schwatt de Toorm und root de Luft,

fiechelt leis föör di dat Waater,

üm´t Gesicht de Dannen-Duft.

Still waart dat in Haart und Seel,

wenn de Schnee kriggt rosa Schimmer,

bald is Wiehnacht, Engels backen

brune Pletten as schon immer.

Ganz doorachter steiht de Doom,

kannst vun Schleswig sünst nix seehn,

in Missunn, blang an de Schlie,

in Gedanken ganz alleen.

Keen een stöört di in dien Droom,

de di füllt hier Haart und Seel,

langsam düüster warrt de Schlie,

vun den Doom süühst nicht mehr veel.

17.12.2023

DE NACHTIGALL

So hell de Nacht, so schön de Klang,

dat Dörp is still, nix röört sik door.

Blots sachten weiht de Wind ümt Huus,

döörch Fenster-Spalt de Luft wart klaar.

De Schlaap lööt mi hier bin alleen,

vun baaben ut den Lindenboom

do trällert mi de Nachtigall –

ik höör se blots, is nicht o seehn.

So weer dat eens - föör so veell Jaarn,

de Lindenboom keem ut de Keehr,

de Nachtigall is ook verschwunnen

ook ik waahn door all lang nich mehr.

Keen Nachtigall singt mi een Leed,

verzaubert mi de stille Stünn,

wenn ik bi Nacht maal waaken bin

und kann eenmaal den Schlaap nich finn´n. 2.4.2024

11 NATUR

DAT PUUST

De Wind speelt Fangen mit de Wulken,

de sünd so gau, he kriggt se nich,

se hebbt dat ielich, sünd an Juchzen,

und maakt okk denn maal lichter sik

-

Und drüppelt, wat se so verleern doot,-

denn blööht dat opp hier op de Eer,

und groot und rund und öffteens bunt

kriggt wi de Reegenschirms maal her.

-

Denn puust de Wind ut alle Backen,

he drifft de Wulken dicht an dicht,

dat Blau vun Heeben is verschwunnen,

und Sünn süht man nu ook grad nich.

-

He is in Faahrt, de Wind ut Westen,

neiht in de Bööm und Twiegen rin,

wat sik door sammelt hett an Waater,

warrt nu den Wegg nah Eer ook finn.

-

"Nu is datt goot maal," seggt uns Petrus,

gah schlaapen, Wind, "föör hüüt ist noogg,

door an de Eck, door kannst du inkeern,

nimm di een Bett in düsse Kroogh.

-

Drink een Glas Beer, datt warrt di höölpen

ganz sinnigg weer to Roh to kaam,

de stärkste Wind mutt ook maal schlaapen,

bit Tied is, wedder optostaahn.

19.9.2023

DAT RUMMST

Blitz und Donner, denn weer düüster,

"Kinner, oppstaahn, is Gewitter,

kümmt gau nääher, wenn datt insleiht

is keen Tied mehr, datt geiht schnell!"

Hebbt doch Reet-Dack all de Hüüser,

ganzet Döörp is in Gefaahr,

liggst du denn noch bin to Schlaapen -

dröppt de Blitz? - kümmst du nich klaar.

-

Half in Schlaapen, ganz verbiestert,

Moder löppt vun em nah eer,

Tüch liggt öörntlich op en Hoopen,

allns to finnen is nich schwer.

Weer so bruutigg schon an Aabend,

ook Papiern liggt op den Disch,

Moder leeg woll sach all waaken,

Gwitter-Luft hett Sommerschicht.

-

Slagg opp Slagg und grell Gelichter,

beebernd sitt wi in de Kööck,

Moder hett noch Kinnerangst

vun datt Holtbaraken-Stück.

Ook UNS Beebern weer waarhaftig,

eenmaal hebbt wi datt beleevt,

wo gau sick dat Füür so döörchfreet,

wenn de Blitz sien Reetdack kreegg.

-

Denn waart lieser, so as´t reegent,

Affstand twischen Blitz und Krach,

as datt blots noch wieder-lichtert,

Talglicht uuut und seggt "Good Nacht".

Noch eenmaal sünd wi verschoont wesst,

hebbt uns Bett noch ünner Dack,

Morgen speelt wi in de Pfützen

barfoot und mit Reegenjack.

11.8.2023

DOR BAABEN

Graad weer dor noch helle Sünnschien,

man nu kümmt wat vun de See,

Wulken trecken ööbern Heben,

hebbt door achtern Schleier-Fee.

Wiel door baaben weiht de Wind,

und franst de Wulken düchtigg ut.

Wulken hebbt den Wind nich geern,

to veel Tempo geiht nich gut.

-

Ünnerweegens fallt wat rünner,

bunt warrt dat denn an de Eer,

Regenschirme wassen munter,

rot und grön und geel und mehr.

Und doorünner loopen Minschen,

eenmaal duschen is doch nooch,

puust se dat to dull in´n Nacken,

treckt se sick den Kraagen hoch.

-

Doch wenn Regen fallt so sachten,

treckt dat Waater in de Eer,

spöölt nich wech, wat Planten bruuken,

wascht all saftigg, frisch und schier.

Denn streckt sikk dat Grööne ut,

suugt sik full mit all dat Natt,

wenn´t to veel is, warrt sick schüttelt, -

und door ünner? - "Wat weer datt?"

21.5.2023

HETT REGENT

Schient de sünn op een natten Steen,

denn gift dat glix noch een.

-

Dat Gras is natt und noch een Pfütz,

de Sünn sick speegelt in dat Natt,

de oole Mann nimmt siene Mütz,

vun Boom dat drüppelt: Wat is dat!

He kieckt na baaben und door kümmt

graad noch een Drüppen in sien Snut,

gau sett he siene Mütz weer op,

- - - -

dat sööh doch graad as Sommer ut. -

27.7.2023

REGENFRI

Kiek ik hüüt maal ruut ut Fenster,

ööberall blots grau in grau,

Waater fallt vun hoochen Heben,

will veel leeber Himmelblau.

Beeder warrt wull ook nich warrn,

man paar Graad kaamt doch wohl mehr,

aber schall mi doch verlangen,

kümmt noch Wittet op de Eer.

-

Aaber Blöömels seh ik loopen,

groot und blau und witt und gröön,

jüsst föörbi hier an mien Fenster,

denk mi maal: datt is doch schöön.

Regenschirm und Regenschirm

wandern hier an mi föörbi,

hoolen Lüüd gesund und dröögg,

sind dor ünner regenfri.

4.2.2024

WINDSTILL

Nu is dat still, de Storm schlööp in,

und regen deiht datt ook nich mehr,

de Luft is frisch und nich to koold,

ik gaah maal beeten för de Döör.

Nimm Ooldpapier denn glieks maal mit,

Container hett jaa wedder Ruum,

geeht mi een Tassfull Koffie in

mit baabenopp beet witten Schuum.

8.1.2023

MANG DE DANNEN

So ganz to Huus as mang de Dannen

so föölst di nirgends opp de Welt.

bi Nacht in´n Wald höörst du dat Rauschen

wenn sick de Fichten wat vertellt.

Und wenn de Tau sick mang de Bööm

verdeelt und wascht de Poren fri,

ümfiechelt di de Fichten-Duft

und maakt dien Bost maal wedder fri.

7.2.2023

DAT PUUST AL WEDDER

De Storm jaagd ööber Land und See,

he drifft de Wolken föör sik her,

he pietscht de dicken Drüppens rut,

und klatscht se rünner an de Eer.

De Pfützen loopen ööberfull,

und Blaasen wassen und ook Pickel,

de Storm ut West hett Düwelskraft,

hett Nord- und Oostsee recht an´n Wickel.

7.1.2023

12 UNS DEERTEN

KATTEN-DIVA

Kat will rut und Kat will rin,

weeten denn ook ganz genau,

lött vun Menschen sik bedeen,

denn de Katten, de sind schlau.

Dirigeern mit Kattenblick,

hesst du anners wat to doon,

maunzen se ganz luud mit Schick,

nich to höörn, machst di nich troon.

-

Seggt de Katt di, wat se will,

ob du Fru bist oder Mann,

maak dat denn ook leeber glieks,

kümmst jaa doch nich gegenan.

25.5.2023

WENN DE HAHN KREIHT

De Hahn hooch baaben dreiht sick bloots,

wohen de Wind em wiesen deiht,

de kümmt so goot an em ook ran,

wenn he so op den Toorm door steiht.

Stolzeert he opp den Mist hier rüm,

wenn all de Hööhner buuten sind,

denn pluustert he sien Boss so op,

as wöör he pluustert vun den Wind.

-

Door steiht he, maakt sien Audienz

in´n Höhnerhaak und reckt sien Hals,

und kreiht sien Lebenskraft so rut,

as weer he Herr op siene Walz.

Dat Wedder ist em graad egaal,

he is de Grötzte hier an´n Hoff,

de schöönste Gluck, de kriggt he ran,

is doorbi sach ook beeten groff.

-

Wat door passeert, dat is Natur,

dat Speelwaark is ook gau föörbi.

Se schüttelt sick de Feddern trech,

he trompeteert sien Kik-ri-ki.

He kratzt noch Muster krütz und quer,

verdeelt, watt door an Körner liggt,

stolzeert een beeten hen und her -

und süüht, wo he tu Suupen kriggt.

10.9.2023

REGENWEDDER

De Regen rinnt,

de Katt, de spinnt

di op dien Schoot wat föör,

wisst du mit eer

hüüt Gassie gahn,

se geiht nich ut de Döör.

„Door buuten kriegg ik

natte Fööt,

und dat gefallt

mi nich.

Ik bliev hier leeber

op dien Schoot,

und spinn di wat

- - und ligg.

19.4.2024

MÖWEN-BAD

Wat steihst du dor und kieckst mi to,

mutt ook maal baaden, wat denkst du,

heff kabbelt so mit anner Mööw,

de lööt mien Fischfang nich in Roh.

-

De Fischer schmitt de Reste rut,

wenn he sien Fang door sauber maakt,

und jede Mööw will Frööhstück hemm,

doorvun dat Haaven-Waater koockt.

-

Manieren gifft dat door doch nich,

wenn Mööwen so se gaaht to Disch,

door bruuk ik soodennigg een Bad,

wiel: Ik stink nu soo dull nah Fisch.

8.5.2023

FLATTERMANN

Dat flattert hin, dat flattert her,

denn sett he sik ok eenmaal daal

ik staah hier lang all op de Luur,

ik will een Bild doorvun eenmaal.

De Flattermann sitt denn ok still,

kriegg mi den Focus glieks all tregg,

drück op den Knoop, is denn passeert –

do is de Flattermann all wegg.

-

He flattert wieder, ik kiek to.

Ik kriegg di noch, dat schasst wohl seehn,

villicht denn ok en Schmetterling,

een annern een, büst nicht alleen.

Dat Fröhjahr fangt doch graad erst an,

door flattert dat bit Harvst sogaar

ik fang villicht een Flattermann,

heff denn mit Glück sogaar een paar.

7.4.2024

STILL VERGNÖÖGGT

Ik ligg hier still meern op de Wisch.

Ganz sinnigg warrd de Buuk mi natt.

Liek föör mien Nääs, dor krüppt een Woorm,

lött achter sick een Wusst so platt.

Denn boohrt he sick mang Schiet und Gras

liek rünner wedder in de Eer,

treckt noch das letze lüttje Stück

hendaal, as dat föör em

so ganz normal und eenfach weer.

—

Und ik? Ik ligg hier still int Gras,

denk mi: Wat maakt de Woorm door ünn,

warrt he door ünner eenmaal ook,

een nette lüttje Woormfro finn?

5.4.2024

13 LESEN UND SCHRIEBEN

SCHNACKFATT

Wer so een richtich Schnackfatt is,

hett jümmers groot wat to vertelln,

hett datt denn okk man Hand und Foot,

will ik em doch nich glieks vergrellen.

He hett traineert sien Leben lang

sien Wöör ook goot mit Geist to füllen,

door kriggst veel Niehet in dien Kopp,

löttst mit sien Schnack di gern umhüllen.

-

Und he vertellt vun Dütt und Datt,

he fangt di in mit all sien Leben,

du höörst em to, höörst gern noch mehr,

kann di vun so Veel Kenntnis geben.

-

Is jümmers Nie und Aktuell,

lebendig, graade ut und wiss,

ganz so wi em dat graade kümmt,

wie em de Snut maal wussen is.

-

Man aff und to, door kunn he maal

so´n lüttjet beeten Luft maal hool´n,

een annern een denkt - achterran,

mi weer door ook maal wat infullen.

Man he vertellt denn ook all wieder,

du lüüsters söölben ook geern so,

weets so veel bald vun Hörenseggn,

und lehrst ook jümmers noch op to.

25.2.2023

BÖÖKER

Dat geef een Tied, door waahnt bi mi

een eenzig Book aleen int Schapp,

datt weer so´n swatte Katekist

Familienbook, so een weer dat.

Een Billerbook kreegg ik denn noch

mit Billern so in Relief,

mien Oogen weern verkleistert dicht

to´n kiecken blots de Fingers heff.

-

Dat Biller weern vun Kööh und Schaap,

vun Hund und Katt, und Spatz und Star,

und drücker man de Finger dropp,

denn weer to höörn, wokeen man haar.

Veel laater keem een Book denn ran

mit Määrken, de wöörn uns vertellt

vun Moodern in de Schummertied,

mit Leesen wöörn wi söölbst opstellt.

-

Denn keem to School ik ook eenmaal,

datt Leesbook weer mien leevstet Ding,

so mit Geschichten Lütt bi Lütt,

und noch wat bi, dat kunn man sing.

Dat weer mi jümmers nich genoogg,

do kreegg ik "Heidi" noch doorto,

und vun de School de Böökeree, -

to´n Lesen NEEHM ik miene Rooh.

-

Nu WASST mit Bööker hier bi mi,

in jede Eck is door een Nest,

und Junge hebbt se all to Hoop

so öfft is "Niehe-Bööker-Fest",

man door gifft Bööker noch und noch,

de ik so geern doch lesen wull,

man jede Wand und jede Eck

steiht lang mit Bookern proppe-full.

-

Dat E-Book is een feine Saak,

wenn datt ook is de tweete Wahl,

doch lesen kann man noch so goot,

und door is Platz föör Duusend-Taal.

Dat kannst du immer bi di hebben,

sitts du in Bus und Tööf-Mal-Saal,

man waarschoun musst dien Akku-Stand,

sünst seggt dien E-Book: "Kannst mi maal."

6.3.2023

WENN´T NICH GEIHT

Nu staah ik hier und maak mien Knicks,

ik will wat segg´n, und weet doch nix.

As lüttje Deern harr ik den Spruch

för Rummelpott - Silvesterdagg,

So mennigg maal denk ik dooran,

wenn ik so geern maal dichten magg.

Kiek Löcker in de Luft so deep,

doch mi fallt denn partuu nix in,

schrief denn een Bookstaaf-Wort-Salaat,

<u>lees ik dat denn – gifft gaarkeen Sinn.</u>

Denn laat ik´t nah, geiht jüst doch nich,

mien Geist hett sach wat anners faat,

will, watt door maal verboogen ist,

datt treckt mien Geist wohl eenmaal graad.

Laat denn dat Dichten eenmaal sien,

nehm mi een Book und lees mi wat,

denn kümmt mien Musche op mien Schoot,

und ik speel eerstmaal mit mien Katt. 20.4.2023

SCHMEERKRAAM

Will ik in een Book wat schrieben

denn schall door noch gaarnix stahn,

nich vun Goethe, nich vun Schiller,

NOCH wat schrieben - kann nich gahn.

Kaamt biet lesen mi Gedanken,

schrief ik dat woanners rin,

heff een Heft so mit Notizen,

warr ik´t wedder doch ook finn.

-

Schmeer nich rüm, ook wenn noch Platz is,

so an´n Rand und annerswo,

is föör mi dat grötzte Unding,

doch so mennigg maakt dat so.

-

Schrieft sogaar noch mang de Linien,

maalt door Stern und Krütz und mehr,

will een annern een door lesen,

kümmt he ganz licht ut de Kehr.

-

Is in´t Fachbook mi wat wichtig,

steek ik maal een Zettel rin,

schriev doorop een lütt Notiz hin,

denn kann ik dat wedderfin´n.

Weet jo nich, ob ik dat sünst noch

mit de Tied noch eenmaal waar,

Zettel kann ik rut jo nehmen

STEIHT int Book, denn BLIFFT dat door.

23.4.2023

14 FANTASIE

NESSIE

Ik seeh door wat, hesst du dat seehn,

door achtern schwimmt wat, kiek maal to.

Door is wat Groodet op den See,

dat is keen Peerd und ook keen Koh.

-

Man hett doch höört vun düssen See,

een Ungetüüm is hier doorbin,

datt nöömt se Nessie in Loch Ness,

wi waart berüühmt, wenn wi dat finn´n.

-

Wat seggst du - wo - ik seeh door nix,

is Tüünkraam doch, glööv dat doch nich,

wäär wirklich so een Ding doorbin

siet oole Tied, weert lang in Sicht.

-

Und nich blots so datt nix is klaar,

as man in Wolken süüht een Deert,

nich allns wat schemenhaft to seehn

is ook dat antokieken wert.

-

Man föör Loch Ness mutt Nessie leben,

de Lüüd kümmt door mit Kameras,

kiekt sik de Oogen ut biet Streben -

"Kriegg IK em faat, datt weer doch krass!!"

-

Een Well, een Stock, beet Photoshop,

een Dino-Kopp door rin monteert,

een Fake-Bild warrt nich glieks entlarvt,

und sühstewoll - DOOR is dat Deert.

3.1.2023

WULKENREIS

Een lütt Wulk keem to mi daal,

sett sik rünner neben mi,

kiekt mi mit ehr Oogen an,

„Ik heff hüüt vun Dagg mal fri.

Ik heff seehn, du sühst mi nah,

wenn de Wind mi drieben deiht,

heff mi dacht, du kümmst maal mit,

wenn de Wind maal RICHTIGG weiht!"

--

„Oh, dat geiht wohl nich," segg ik,

denn ik bün doch veel to schwoor,

in di is doch Waater blots,

ik fall döörch, dat is doch klaar."

Seggt de Wulk: „Ik weet Bescheed, -

maak di mit Gedanken licht,

hesst traineert doch Autogen,

kannst vergeeten dien Gewicht."

-

Und een Wind keem angebruust,

und de Wulk kreegg mi denn faat,

Huuii, güng dat denn loos mit mi,

datt dat harr de rechte Oort.

Ööber Bööm und Dack und Land

suust wi aff mit Stoorm-Gedööns,

Wind und Wulk und ik doorbi,

Jungedi! - DAT weer wat Schööns!

25.5.2024

DE OOLE MOND

De Nacht is still, de Mond schient hell,

lüücht mi direkt int Finster rin:

„Watt wisst du mi, du Nacht-Gesell,

denn kaam doch gliecks to mi maal rin!

-

Ik bün alleen, kann ook nich schlaapen,

man buuten is mi dat to koold,

ik maak di ook dat Finster op,

weer schöön, wenn wi uns

Hänn maal hoold.“

-

„Mien leewe Deern, datt geiht wohl nich,

bün doch all lang to old föör di,

ik hang jaa ook so veel to hooch,

de Heben gifft mi nich mehr fri.

-

Ik bün de Wächter, hool dat Licht,

datt ji ook in de deepste Nacht

den Wegg noch finnt und seeker sind,

und ik föör ju noch hool de Wacht.

-

Nu legg di daal, maak Oogen dicht,

ik bün jaa door, pass op di op.

Und blennt mien hellet Licht to dull,

treck ik paar Wulken föör min Kopp.

-

Een Engel schick ik di föörbi,

de in dien Droom di wat vertellt,

doorvun, wat du beleven maggs

und wat noch scheuner maakt dien Welt."

2.5.2024

15 WIEHNACHTEN

NIS PUK

Een Näsfull Schnee liggt op de Eer,

blots Puk kann hier mit sien lütt Schlärr

een Beten dor so rüm maal fohrn,

doch bald wart ok für em to swoor.

-

Denn kümmt de blanke Eer weer rut

und bremst de Winterfohrt glieks af,

denn rönnt lütt Puk hier wech na Huus

in Sviensgalopp und Farkendraff.

-

De roode Mütz wippt op und daal,

de lütten Holt-Schoh klappert lies,

de graue Büx is bütten natt,

he freert wohl sach, dat is wohl wiss.

-

Doch in de Schüün, dor is een Lock,

dor witscht de lüttje Puk gau rin,

he kieckt noch maal, wo is de Katt,

denn is he all bi Moder bin.

-

Se töft al lang, "wo büst du ween,

de Hafergrütt is noch beet warm,

kaam, treck de natte Büx mal ut,"

und denn neehm se lütt Puk inn Arm.

-

Och, tööf man af, wenn Wiehnacht is,

denn wart Fru Holle sick besinn,

und denn warrst för dien olen Schlär,

ok bannich veel vun Schnee wohl finn.

23.12.2021

WIEHNACHTS-AABEND

Ho-Ho-Ho, he is bald door -

de roode Mann mit witten Baart,

hett Steebel an, so schwatt und blank,

den Sack wohl mit de Schuuvkaahr faahrt.

-

De Schnee vun nüülich is all wegg,

mit Schläär, datt löppt hüüt Aabend nich,

de Wiehnachtsmann, he kriggt dat trech,

wüsst jümmers, wie he maakt sien Plicht.

-

Hüüt is de Köök so molligg warm,

hüüt heizt man hier den ganze Dagg,

door sitten wi, so Stükker dree,

vertellt und speelt - und ook maal lacht.

-

Mien Süster is een groote Deern,

se kennt de Welt und snackt doorvun,

mien Brooder seggt: vertell doch maal,

gifft doch wat anners as Missun.

-

Und ik? Ik bün de Lüttje doch,

mien Ohr kleevt an de Stubendöör,

will, datt de annern sind maal lies,

wat geiht door in de Stuuv graad föör.

-

Door geiht een licht Foot hen und her,

door höör ik Steebel op und daal,

und Mooder snackt: Leev Wiehnachtsmann,

hesst du dien Sack ok wedder full.

-

Ik höör dat Rascheln, Biller kaamt

mi in mien lüttjen Kopp so schöön.

Datt eene weet ik ganz genau,

Een Teller Naschkraam, oh, so fein.

Und ünnern Dannboom warrt dat staahn,

wat Wiehnachtsmann harr noch so mit,

lütt beeten weer doch immer door,

ook in de doch so aarme Tied.

-

Mien Mooder weer mien Mooder blots,

und Wiehnachtsmann - dat weer se ook,

snakt mit eer eegen Stimm so licht,

und düüster - Wiehnachtsmann sien Sprook.

-

Heff glöövt, bit ik to School keem,

do lachern mi de Grooten ut,

ik weer vergrätzt und harr se denn

am leevsten geeb´m wat an de Schnut.

-

Und Mamma trööst de lüttje Deern,

man Waahrheit keem nu föör den Dagg,

doch all de annern Jaahrn nochmaal

Theaater geeft de Hillich Nacht.

-

Ik wüsst - keen Wiehnachtsmann doorbin,

Theaaterspeel - de Dann so gröön,

Gedichten, Leeder, Lichter-Boom, -

wat weer uns Wiehnacht jümmers schöön.

11.12.2023

NU IST´ SO WIED

Door seeten wi dree,

in de Köök weer dat warm,

de Stuuv weer besett,

und de Schlöttel weer dreiht.

Uns Mooder weer bin,

und datt raschelt geheem,

so düüster een Stimm,

wat DOOR wull affgeiht.

-

Is Wiehnachtsmann door?

Wie keem he blots rin?

Döört Fenster woll sach,

anners wert nich to finn´n.

So liesen geiht Mamma

so hen und so her,

denn steebelt dat luut,

so´n Wiehnachts-Verkehr.

Und Mamma seggt wat,

wat wi nich so recht höört,

und düster dat brummelt,

een Klappern uns stört.

Döörcht Schlöttellock is nix

föör uns hier to seehn,

door steekt wat int Lock,

dat is so gemeein.

-

Uns Süster is groot,

nu wöllt wi wat speeln,

Bescheerung kümmt denn

so ganz vun alleen.

Nu kullert de Würfel:

Pass op, du büst an,

und denk maal wat anners

as blots "Wiehnachtsmann".

-

Nu klingelt dat eenmaal

und glieks achterran,

denn klingelt dat nochmaal,

"Nu kaamt eenmaal ran".

Door dreiht sick de Schlöttel,

und op geiht de Döör,

de Boom steiht so bunt nu,

und wi staaht doorföör.

\-

Und ünner den Boom

so links und so rechts,

und ook in de Mitt

föör jeden dat Best.

In schööne Menaajj,

de Oogen warrt groot,

wat Wiehnachtsmann bröcht,

dat hebbt wi glieks faat.

\-

Halleluja singt wi,

dat hebbt wi all lehrt,

geiht ganz automatisch,

biet Kieken nich stört,

dat höört jüst doorto

wi singt dat ook geern,

und ook all de Naahbers

schüllt dat eenmaal höörn.

14.12.2023

INHALT

1 PLATT-SCHNACKERS

Lees maal wat   7

Plattschnackers   8

Moin, wo geiht?   9

Ook maal Hochdüütsch   10

2 BEET SPASS

Naahschenken   11

Lütt Matten   12

De oole Mond   14

Ganz dicht   16

Danz hier alleen   18

Soo lecker   20

Bananen-Fröhsport   21

Vadderdagg   22

Mien Griep-Hand   24

3 KINNER

Preester kümmt   26

Segg mi maal   27

Op groode Faahrt   30

Stadt-School   32

Stricken leehrn   34

Schlaapens-Tied   36

4 VUN FRÖÖHER

Fleeschwolf   38

Mien Tüddelband   40

Bus verpasst   42

Schlie-Droohm   44

Scheunet Mist   46

Nah Gewitter   47

5 TOSAAMEN

Wussen woorn   48

Kiek maal rin   50

Anners rüm   52

6 UNS LEBEN

Uns Tied   54

Wo geiht dat lang   56

De Wegg nah baaben   57

Pünktlich sien   58

Rosenmaandagg   60

Wat is los mit de Büx   62

Besöök vunt Pech   64

Laat mi ruut   66

Kollegen   68

Föörbi   70

Irgendwann   72

Rentner-Tied   75

Neengdich   76

A-Tschüss   78

Aleen mit mi   80

De anner Sied   82

7 TON WOHLFÖÖHLEN

Dat Glück   83

Gemöötlich   84

In Gedanken   87

För de Seel   88

8 MAAL KRITISCH

Naahschenken   89

„Achtbare Leute"   90

Schnack maal wat   92

Unfreeden   95

De bunte Hund   96

Noch…   98

Vun Ööwerall   100

9 WAT SO PASSEERT

Dat flüchtige Geld   101

Wo is mien Brill   102

Dietrich   104

Keller oprühmen   106

Scherben   108

Floh-Markt   110

Dor weer doch noch wat?   112

10 HEIMAT

Mors vun se Welt   114

Piratendaagg   116

Lang is´t her   118

De Nachtigall   119

11 NATUR

Dat puust   120

Datt rummst   122

Dor baaben   124

Hett regent   126

Regenfri 127

Windstill 128

 Mang de Dannen 129

Datt puust al wedder 130

12 UNS DEERTEN

Katten-Diva 131

Wenn de Hahn kreiht 132

Regenwedder 134

Möwen-Bad 135

Flattermann 136

Still vergnööggt 137

13 LESEN UND SCHRIEBEN

Schnackfatt 138

Bööker 140

Wenn´t nich geiht 143

Schmeerkraam 144

14 FANTASIE

Nessie   146

Wulken-Reis   148

De oole Mond   150

15 WIEHNACHTEN

Nis Puk   152

Wiehnachts-Aabend   154

Nu is´t so wied   158